LE WISTH

RAMENÉ A SES VÉRITABLES PRINCIPES

PAR

FÉLIX CHERADAME

Chef d'une nouvelle École.

Apprendre vite,
Gagner sûrement

PRIX 1 FR.

PARIS

CHEZ GARNIER FRÈRES, LIBRAIRES

PALAIS-ROYAL, PÉRISTYLE MONTPENSIER

1849

DU WISTH.

LE WISTH

(AUX TRICKS DOUBLES)

RAMENÉ A SES VÉRITABLES PRINCIPES.

Méthode pour l'apprendre en peu de temps et pour le jouer avec succès;

Par Félix Cheradame.

PARIS.

CHEZ GARNIER FRÈRES, LIBRAIRES,

PALAIS-ROYAL, PÉRISTYLE MONTPENSIER.

1849.

AVIS DE L'AUTEUR.

Ce petit ouvrage, s'il est destiné à faire quelque bruit dans le monde des joueurs sérieux, devra moins sa réputation au mérite personnel de l'auteur qu'à la violence des critiques dont il s'attend à être l'objet.

En effet, il vient renverser complétement l'ancien système du jeu de Wisth, pour y substituer un nouveau plus en harmonie avec les véritables principes de ce jeu (nous espérons le démontrer).

Nous nous sommes surtout appliqués à faire apprendre le jeu en peu de temps (d'une manière mécanique en quelque sorte), but raisonnable et désirable tout à la fois, qu'il est impossible d'espérer atteindre dans le chaos des livres sur la matière, de toutes formes et de tous prix, embarras de plus pour le commençant.

Nous ne dénigrons personne. Chacun est parfaitement libre de ne pas adopter nos vues.

Nous faisons même mieux ; nous ne formons qu'un vœu : que toutes les méthodes soient mises en présence de la nôtre et qu'on juge.

DÉFINITION

PAR ORDRE ALPHABÉTIQUE

DES TERMES DU WISTH.

—◦◦◦◦◦—

Atout. Couleur de la carte retournée par le joueur qui donne. Sans vouloir faire ici de la *philologie*, nous croyons devoir appliquer au mot *atout* l'origine suivante comme la plus vraisemblable : (carte bonne) à tout.

Chelem. Un des partis fait *chelem* quand il fait toutes les levées. Ce coup, très-rare, répond au coup de Boston dans le jeu de ce nom. Le chelem se paye 10 fiches en dehors de la partie.

Défausser (se). Jeter une carte autre que l'atout sur une couleur où l'on renonce.

Honneurs. On nomme ainsi la quatrième majeure de la

couleur d'atout, composée de l'as, du roi, de la dame et du valet. Trois honneurs comptent 2 points; il faut les avoir tous pour marquer 4.

Impasse. Faire impasse, c'est ne pas prendre.

Marque. Il faut quatre jetons à chaque joueur, pour marquer les huits premiers points. Aux tricks doubles, qui font l'objet de ce traité, on compte, on marque naturellement de deux en deux.

Le point de 2 se marque ainsi :

en superposant 2 des 4 jetons qu'on a devant soi.

Le point de 4 se forme en rangeant les jetons comme ceci :

ou en les plaçant carrément :

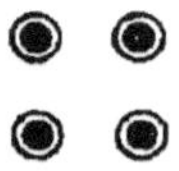

Le point de 6 se figure de la sorte :

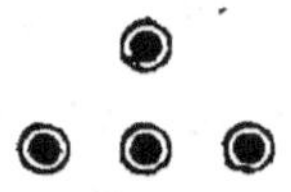

Celui de 8, en renversant le jeton du haut :

Enfin le point de 10, qui termine la Partie ou fraction du Robb, appelée Manche, ne se représente pas plus que le point de 5 à l'Écarté.

Voilà pour la marque des jetons.

Une autre qui sert à figurer, non plus les points, mais les

manches du Robb, consiste à prendre 1, ou 2 ou 3 des 4 fiches qu'on a dû avoir soin de mettre au flambeau.

Le parti qui gagne la première manche prend une fiche si les adversaires ont 6 ou 8 à la marque ;

2 fiches si les adversaires ont 4 ou 2 ;

3 fiches si les adversaires n'ont rien à la marque.

A ce sujet, nous nous permettrons de faire une observation.

Il serait temps, ce nous semble, qu'on modifiât les modes de payement acceptés jusqu'à présent. Est-il juste, en effet, de voir qu'il n'y a pas d'intérêt à faire 4 points plutôt que 2, 8 plutôt que 6 ? Quel mérite y a-t-il alors à faire des levées ? Nous proposerions donc de graduer chaque marque, par exemple, de laisser prendre une fiche au parti gagnant qui verrait 8 à la marque des adversaires, 2 fiches s'ils n'en avaient que 6, et ainsi de suite, de manière à gagner quintuple en cas d'absence de toute marque.

Ce nombre de 5 fiches, qui paraît énorme n'est heureusement pas toujours constant.

Les fiches de queue ou consolation sont ordinairement au nombre de 4.

Cette réforme, dans la supputation des points qui se traduiraient en fiches, était désirée depuis longtemps.

Elle nous a été inspirée par plusieurs amateurs : Nous avons cru ne pouvoir mieux faire que de lui donner place dans un livre tout de réformes, utiles, nous pensons.

Nous reprenons, après cette digression, trop longue peut-être, la nomenclature des termes du Wisth.

Navette. Un des partis établit la navette quand il peut alternativement passer la main à chaque partner, soit par une rentrée, soit par une coupe. Cela nous conduit à dire que nous distinguerons deux sortes de navette.

Partner. Nom donné à chaque vis-à-vis ou joueur associé.

Renonce. Faire une renonce c'est ne pas fournir de la couleur demandée. La renonce à tort est punie de 6 points.

Rentrée. Donner, assurer une rentrée à son partner, c'est lui faciliter les moyens de vous renvoyer la main.

C'est le défi jeté à l'invite, et c'est ce qui fait le triomphe de la nouvelle École.

Robb. Nom donné à la partie liée qui s'engage entre les joueurs. Chaque partie prend le nom de *Manche*. Deux manches décident du gain du *robb*, en faveur de celui qui les a le premier.

Séquence. Suite de plusieurs cartes non interrompue; ainsi, as, roi, dame, etc.

Singleton. Une seule carte d'une couleur.

Tenace. On appelle ainsi la 1re et la 3e plus forte carte entre les mains du joueur de gauche. Ainsi, as et dame par rapport au roi qui se trouve à droite, etc.

Trick. Nom (qui nous vient d'outre-Manche; très-dur, mais qu'il faut bien admettre) donné aux 4 cartes fournies par chacun des joueurs. C'est le correspondant de notre mot LEVÉE ou PLIT. Plus spécialement, on appelle *tricks* la série des levées faites après la 6e levée; aussi dit-on faire un trick, deux tricks, etc.; ces tricks-là seuls se comptant.

Wisth. Silence.

PREMIÈRE PARTIE.

DÉMONSTRATION DU JEU.

Le Wisth se joue à quatre personnes, deux contre deux. On a deux jeux de cartes entiers.

Pour se placer, chaque joueur tire et retourne une carte prise dans l'un des jeux étendus circulairement sur le tapis : les deux plus hautes jouent en vis-à-vis et sont partners ou associées ; les plus faibles, de même. Si les deux plus faibles cartes marquent le même point, les joueurs qui les ont amenées tirent de nouveau pour savoir qui donnera. Si les deux cartes moyennes sont d'égale valeur, les joueurs retirent, et alors la plus haute nouvellement tirée prend pour partner la plus haute de celles tirées d'abord, et la plus faible prend pour partner la plus faible des quatre premières. La donne reste, dans tous les cas, à cette dernière.

Au tirage, l'as est considéré comme la plus faible carte du jeu. On voit que l'as est encore ici favorisé.

A la fin de chaque partie, les partners peuvent changer leurs places.

A la fin de chaque robb, on doit retirer les places pour changer de partner, ou du moins s'en rapporter à un nouveau sort.

Celui qui a la donne distribue les cartes une à une en commençant par la gauche, puis il tourne la dernière, qui lui revient, et qui marque quel est l'atout.

Qui mal donne perd sa donne.

Comme donnée générale, nous pouvons dire qu'il y a

4 chances sur 13 pour amener un honneur;

5 chances sur 13 pour amener un honneur ou une belle carte;

6 chances sur 13 pour amener les précédentes ou une assez belle carte, le neuf;

7 chances sur 13 pour amener les précédentes ou une carte passable, le huit. Donc, majorité de chances pour amener une carte bonne plutôt que mauvaise.

Quand le joueur désigné par le sort a fait connaître la carte vulgairement appelée *triomphe*, et qui est en même temps celle de l'atout, le premier soin de chaque joueur est de relever ses cartes, de les ranger par ordre en commençant par les plus fortes, de croiser les couleurs, puis de les compter (assurez-vous qu'elles sont au nombre de 13, point très-important, pour exiger une nouvelle donne en cas d'excédant de cartes ou d'insuffisance), et de retenir en même temps combien de cartes on a dans chaque couleur prise séparément, dernière précaution fort utile dans le courant de la partie, comme on pourra s'en convaincre lors de nos explications ultérieures.

Il faut moins de temps pour toutes ces petites opérations qu'il n'en a fallu pour les décrire.

Pour arriver promptement à ce résultat, dont le préparatif ne doit pas faire languir le jeu, afin de ne pas se faire prier de jouer par les uns et gronder par les autres, moins tolérants, nous allons indiquer une méthode de classification dont nous nous sommes toujours bien trouvés dans l'arrangement de nos cartes.

Nous l'avons puisée, cette méthode, dans le jeu du Boston de Fontainebleau.

A ce jeu, on se sert d'un petit tableau indiquant le payement des jetons.

On a dessiné sur ce tableau ou tarif les quatre couleurs d'un jeu de cartes.

Nous avons songé à nous emparer de cet ordre, comme pur moyen mnémonique, en intervertissant toutefois une couleur pour le croisement des cartes.

Nous ne blâmerons certes pas le joueur qui rangerait ses cartes différemment; car il faut être méthodique et non exclusif; mais encore faut-il avoir une méthode.

Nous n'en sommes pas sur la manière de mettre le pique avant le carreau (car il ne faudrait pas que cette manière dégénérât en manie), pourvu que chez le joueur l'habitude soit constante et invariable.

La classification, outre qu'elle vient en aide à la mémoire, a ce précieux avantage de ne pas exposer le joueur à faire des renonces.

Objection prévue et détruite. — Qu'on ne vienne pas

nous dire que besoin est de savoir où se place l'atout : ce besoin n'existe pas : les règles du jeu portent positivement qu'il est permis de demander quel est l'atout, et cela, à tout moment de la partie.

Des personnes ont l'habitude de placer la couleur d'atout soit à droite, soit à gauche de leur jeu ; mais le plus souvent à gauche, entre le pouce et l'index, pour mieux s'en souvenir. Cette habitude est vicieuse par le fait même qu'elle détruit toute méthode de classification, l'atout étant essentiellement variable. Nous ne saurions trop appuyer sur ce point.

Nous supposons que le robb commence, puisque nous n'avons pas recommandé de considérer la marque des adversaires.

Retenons bien la qualité de l'atout pour jouer au besoin l'*atout de position*, ce que nous expliquerons en détail un peu plus tard (Voir l'Appendice : *De l'Atout*).

Comme ce Traité est fait principalement pour donner un guide sûr aux commençants (1) (car on en a vu bon nombre se rebuter à cause de la divergence des opinions sur les joueries qui partagent l'ancienne École), nous allons faire jouer successivement nos quatre joueurs.

Premier joueur.

Voici tout le secret du jeu :
Faire connaître ses cartes.
Jouez donc d'abord de manière à donner le plus de rentrées chez vous à votre partner, comme en jouant un roi

---

(1) Nous ne voulons pas dire, pour cela, vanité d'auteur à part, qu'il soit à dédaigner même de ceux qui sont réputés très-forts ; nous leur conseillons de profiter de quelques bons avis qui pourraient se trouver par ci, par là.

quand vous avez l'as de la couleur, et même en jouant la dame lorsque vous avez la tierce majeure.

Objection et erreur de l'ancienne École. — Ne vous laissez pas arrêter par cette objection de l'ancienne École, que vous risquez beaucoup de faire couper votre dame, et répondez à ceux qui vous présenteraient une telle objection, dénuée de toute force,

Que :

Il y a 2 chances sur 3 (ou 2 contre une; trois joueurs restent en effet) pour que la renonce ne soit pas chez votre partner; qu'ainsi, joueriez-vous l'as, cette carte serait infailliblement coupée, tandis que la dame a l'immense avantage de faire hésiter le second joueur.

Que de plus :

Votre partner pressentant, devinant votre jeu, se gardera bien de couper, et trouvera plus avantageux de se défausser; car une coupe affaiblit, épuise, tandis qu'une défausse habile prépare un singleton, amène une renonce.

En effet, celui qui joue une dame apprend à son partner que le roi et l'as ne sont pas chez le second joueur, car ce second joueur ne doit prendre qu'autant que l'as et le roi sont à la fois entre ses mains. C'est là une vérité que nous démontrerons en son lieu (Voir *Second joueur*).

Nous allons plus loin : s'il n'avait pas (toujours le premier joueur) la tierce majeure, mais roi et dame ou dame et as, ce beau jeu de la tenace, il devrait suivre une tout autre marche. Dans le premier cas, jouer le roi; dans le second, attendre.

Il est donc bien évident que cette dame annonce une tierce majeure, autrement, d'après nos principes, elle serait seule de la couleur. Or, comment supposer que, du même côté, se trouvent un singleton et une renonce, c'est-à-dire une carte sur 13 pour deux personnes? Pour notre part, nous ne voudrions pas être condamnés à tenir les cartes jusqu'à ce que le coup dût se présenter.

Le partner, convaincu, s'abstiendra donc de couper. Aussitôt après avoir fait connaître vos rentrées, comme il est indiqué ci-dessus, avez-vous roi et dame d'une couleur? Jouez roi, et s'il passe, jouez atout, parce que vous avez déjà trois plis assurés dans cette couleur où vous avez roi et dame; l'as étant infailliblement chez votre partner.

Quand vous avez épuisé tous les moyens d'indiquer à votre partner des rentrées, vous ouvrez la couleur où vous êtes le moins fort. Immédiatement un exemple :

Par 2, si, avec lui, vous avez le 4 ou d'autres supérieures.

Par 3, si vous avez le 2, le 5 ou d'autres supérieures avec ce 3. Et voilà bien ce qui fait tant jeter les hauts cris à l'ancienne Ecole!

Vous jouez où vous n'avez rien, nous dit-elle! — C'est vrai, répondons-nous, et nous allons essayer de nous justifier.

Erreur profonde de l'ancienne Ecole.—Que fait l'ancienne Ecole? Elle fait des invites. Elle a des partisans de l'invite à l'as, des partisans de l'invite au roi, c'est-à-dire des indécis. Elle admet aussi des invites à la dame. Bref, on ne s'y reconnaît plus.

Nous, que faisons-nous?

Nous proscrivons les invites, et nous favorisons les rentrées! Quel'avantage, demandera-t-on, trouvons-nous à jouer dans les couleurs les plus faibles?

Celui d'avoir plus de chances de rencontrer heureusement notre partner.

En effet, quand on joue une invite au roi ou à l'as, on a moins de chances pour trouver l'une de ces deux cartes, que si on n'avait ni l'une ni l'autre en main.

Le jeu des invites dédouble donc le nombre des chances favorables.

Ainsi, et pour résumer tout le rôle du premier joueur : Après avoir fait connaître ses rentrées, il doit ouvrir la couleur où il est le moins fort, en exceptant toutefois celle de l'atout qui est essentiellement à part. (Voir ce qui est dit à l'Atout. *Appendice.*)

Tel est l'avantage de la position du premier joueur, d'avoir pu faire connaître ses cartes, avantage qui résume tout le secret du jeu, avons-nous dit en commençant, et qui décide souvent du gain de la partie.

Mais il est un autre avantage dont profite également souvent le second joueur, celui de VOIR VENIR.

Second joueur.

Le second joueur a un rôle bien facile à remplir : il donnera tout simplement la plus faible de ses cartes sur celle du premier joueur, de manière, sinon à faire deviner à son partner (quatrième joueur) les cartes qu'il a, au moins à faire connaître celles qu'il n'a pas.

Ainsi, met-il un 5 sur la carte du premier joueur, il indique par là qu'il n'a aucune des cartes inférieures à ce 5.

Il prendra toutefois, sauf ce que nous dirons au résumé (page 20), dans le seul cas où il aura la tierce majeure, car il ne s'est abstenu que parce qu'il y avait autant de probabilités pour les deux joueurs restants que la bonne carte se trouvât chez son partner (quatrième joueur) aussi bien que chez le troisième joueur, partner du premier.

Supposons le cas le plus défavorable, celui où la bonne carte serait dans la main du troisième joueur, ce désavantage ne sera-t-il pas promptement contrebalancé par l'avantage signalé plus haut, celui de VOIR VENIR, c'est-à-dire de tenir en échec le jeu du premier joueur, devenu troisième au second tour, d'user de la tenace, s'il sait en profiter? ce qui nous conduit à nous arrêter sur un cas très-fréquent.

As, dame et une faible carte sont dans la main du second joueur. Presque tout le monde a l'habitude de mettre la dame au lieu de la petite carte. Presque tout le monde a tort, nous sommes fâchés de le dire. En effet, la carte du premier joueur peut être un perfide singleton, et alors la dame est inutile ou sacrifiée. *Inutile*, si votre partner (quatrième joueur) a le roi, ou *sacrifiée*, si le roi est chez le troisième joueur.

Faisons ressortir les avantages d'une impasse forcée : Le pli, avons-nous dit, peut fort bien être fait par votre partner (quatrième joueur), et, dans le cas le plus défavorable susindiqué, celui où la bonne carte serait dans la main du troisième joueur, vous contre-carrez le jeu du premier, devenu troisième le tour suivant, en lui présentant la fourche ou tenace.

Si nous avons dit qu'il ne fallait absolument pas mettre la dame, nous avons également recommandé de mettre la plus petite de toutes les cartes, et non une moyenne, par exemple, un 9, un 10, dans l'espoir de conserver la levée. Rarement cet espoir se réalise. Le plus souvent la carte est sacrifiée inutilement. Il est cependant bon de la garder, car elle aura son utilité au quatrième tour peut-être. D'ailleurs, votre partner doit immédiatement connaître l'échelle ascendante de vos cartes. Comment y arriverait-il, si vous ne jetiez la plus petite?

Troisième joueur.

Autant l'impasse est utile et pour ainsi dire forcée en second, autant elle devient préjudiciable en troisième.

Le premier joueur veut connaître votre force, n'allez pas le tromper : il faut que vous mettiez votre plus haute carte; bien entendu, si vous avez une séquence (terme qui a reçu son explication), par exemple, valet et dame, gardez-vous de mettre la dame, car si le quatrième joueur a l'as, votre partner découvrira au moins que ce quatrième joueur n'a ni la dame ni le roi.

Cette excellente méthode (nous n'hésitons pas à la qualifier telle) sert quelquefois à faire connaître plusieurs cartes au moyen d'une seule.

Quatrième joueur.

Le quatrième joueur aura dû voir, avec attention, les cartes tomber sur la table. Il devra prendre, s'il est nécessaire; mais nous l'engageons fort à éviter de faire cette question, souvent plus qu'indiscrète :

Est-ce à prendre?

Évidemment, cette question n'est faite que pour indiquer son propre jeu, car il ne demanderait pas si telle carte est à prendre, s'il était, lui, dans l'impossibilité de prendre.

C'est un moyen détourné, indirect, de dire à son partner qu'il a telle carte supérieure.

Or, le silence est expressément recommandé au Wisth. Les adversaires devront donc être très-sévères sur ce point.

Demander le tableau est déjà trop permettre. Il vaut beaucoup mieux que chacun pose la carte devant soi.

Voilà pour le premier tour.

Aux douze suivants sont applicables les principes que nous venons de poser. On conçoit aisément que chaque joueur devient presque forcément tour à tour premier, deuxième, troisième et quatrième à jouer.

Résumé de la conduite du jeu. — Nous venons de voir comment se jouait le premier tour. Quand le premier joueur, après avoir fait préalablement connaître son jeu autant qu'il était en lui, a jeté la plus petite des cartes de la couleur où il est le plus faible, on comprend qu'à partir de ce moment, le pli soit abandonné au pur caprice du hasard. C'est l'*Alea jacta*, si fameux depuis César jusqu'à ces derniers temps, qu'il a retenti à notre tribune parlementaire.

Le second, avons-nous dit, a dû s'abstenir, à moins qu'il n'ait eu en main la tierce majeure, auquel cas il a dû prendre de la dame. Nous allons même plus loin : en atout, il ne devrait pas même mettre la dame, si la tierce majeure n'était renforcée que d'une seule carte (1). En effet, le pli peut aussi bien être fait par son partner (cela a déjà été dit et redit), et ensuite, raison puissante, le second joueur a besoin de contre-carrer le jeu du premier joueur, qui a ouvert l'importante couleur d'atout. Raison de plus pour s'abstenir. D'ailleurs, les trois plis de la tierce majeure sont forcés, que risque-t-il ?

Le troisième joueur, pour faire connaître sa force immédiatement à son partner, a dû, de son côté, mettre

(1) Avec plus d'une carte, c'est-à-dire avec 5 atouts au moins, il n'y a plus d'inconvénient à mettre la dame. La probabilité est que chaque autre joueur a deux atouts, ce qui en porte le nombre à 11, et la certitude est qu'ils n'en ont pas 3 chacun. Il ne faudrait donc pas que le valet troisième, par exemple, chez les adversaires, pût se faire.

sa plus haute carte, en ayant soin toutefois, comme nous en avons fait une expresse recommandation, de mettre, dans le cas d'une séquence, la plus petite des deux cartes (ou plus) qu'il a ainsi dans la couleur ouverte par son partner.

Le quatrième a pris s'il a pu, ou dû prendre, ce qui a déjà été expliqué.

Supposons maintenant que la main soit restée à celui pour lequel le premier avait joué, c'est-à-dire au troisième.

Ira-t-il lui renvoyer immédiatement de cette couleur? Non, évidemment. La raison en est simple : il sait son partner très-faible dans cette couleur.

Il fera pour son partner ce que son partner a fait pour lui : il fera connaître son jeu autant que possible ; il s'assurera à son tour des rentrées chez lui-même.

Son jeu une fois aussi bien connu que possible, il rendra la main à son partner qui a eu soin, nous l'avons dit, de s'assurer des rentrées.

Mais en rendant la main de cette sorte, il aura dû, de préférence à tout autre moyen de rendre la main, jeter la dame de la couleur dont son partner a encore l'as, si cette dame est seule, pour la sauver, ou, s'il n'a plus qu'une carte de cette couleur, quelle qu'elle soit, dame ou autre, la jeter également pour indiquer qu'il se défaussera au troisième tour.

Rendons cela sensible par un exemple :

Le premier joueur a fait connaître deux as par deux rois qu'il a joués successivement. Le troisième prend la main d'une manière quelconque ; eh bien! pour répondre à l'une des rentrées, il jouera la couleur où il n'a plus qu'une carte, dame ou autre, de préférence à celle où il aurait deux cartes ou davantage. Et cela, dans deux buts : d'abord, pour que cette dame se fasse et ne soit pas prise par l'as ; ensuite, pour indiquer qu'elle est seule.

Nous avons parlé de l'impasse que se trouvait forcé de faire le second joueur, sauf un seul cas que nous avons signalé, et auquel nous renvoyons. Cependant, nous ne voudrions pas être mal compris.

Il ne s'agit que du premier tour. Il va sans dire que si le premier pli a été fait au moyen de l'as, le roi, dans quelque main qu'il se trouve, devra tomber au second tour, la dame au troisième, etc.

De même, si un valet ou toute autre carte que l'as a fait la première levée, l'as devra s'abattre à la seconde, et ainsi de suite.

Et encore, si l'as et le roi sont tombés au premier coup, la dame se jouera au second tour, le valet au troisième, et ainsi des autres.

C'est pour dire qu'il faut que les cartes se fassent sitôt qu'elles deviennent maîtresses ; autrement, d'autres, moins importantes, se feraient à leur place.

Qu'on veuille bien méditer les quelques pages qui précèdent, et où s'arrête la première partie. Elles donnent la clef du jeu.

La seconde partie, que nous allons traiter, comprendra les principes généraux, des conseils sur les diverses manières de jouer, et l'examen des cas les plus fréquents et les plus difficiles.

SECONDE PARTIE.

Au Wisth, il y a deux rôles :

L'un actif, l'autre passif.

Ou vous jouez, ou l'on vous fait jouer.

Jouez-vous? et que votre intention soit de commencer par les cartes élevées, au lieu de vous en tenir au principe salutaire des plus faibles, mettez la plus forte de votre séquence (à moins que vous ne soyez hors de prise par une tierce majeure, par exemple) c'est le moyen de ne pas faire, comme on dit vulgairement, tomber votre partner sur vous. Exemple : Avez-vous cinq, sept, huit, neuf, dix : jouez dix.

Vous fait-on jouer? Pratiquez l'inverse, mettez la plus faible de votre séquence : c'est le moyen de faire connaître le mieux vos cartes.

Le principe suivant est non moins important.

Ne jamais rentrer dans la couleur des adversaires (qui

ont eu une raison pour la jouer), si ce n'est dans deux cas absolus :

1° Lorsqu'on veut indiquer qu'on coupera au troisième tour, parce qu'il y a présomption que les adversaires auront encore de cette couleur.

2° Pour *faire la contre-invite* (une des joueries les plus délicates, sans contredit du Wisth).

Faire la contre-invite, c'est revenir immédiatement dans la couleur des adversaires dans le but unique de faciliter une levée qui n'exigera pas du partner une belle carte, ou qui forcera l'adversaire (lequel avait ouvert la couleur) à mettre sa plus forte.

Voilà bien l'avantage, le beau côté de la contre-invite.

Voici son côté préjudiciable :

En toute couleur, autre qu'en atout, celui qui a répondu à une invite par une très-faible carte ne peut tarder à couper ; il y aurait donc imprudence à faire usage ici de la contre-invite.

En atout, elle est très-préconisée. Cependant, il faut dire tout de suite qu'elle peut tourner contre ceux qui auraient la maladresse de la tenter. Exemple : Je sollicite trois tours d'atout. Mon partner ne répond pas à mon invite du premier tour (ici, il faut bien employer le mot INVITE, puisque, pour déjouer l'invite, on se sert du mot contre-invite). Nos adversaires, pour nous nuire, s'empressent de rejouer atout, la main me revient, mes trois tours d'atout sont révolus, selon mes désirs.

Ajoutez à cela que, plus on est faible sur une ouverture de jeu, moins on a de cartes.

Qu'il suit de là que mon partner peut avoir un singleton (le plus beau est celui d'atout).

Conséquemment, nos adversaires, en voulant nous tendre un piége, s'y sont pris eux-mêmes, attendu que je ne manquerai pas de rejouer atout, puisque j'en ferai tomber deux contre un seul.

On voit de quel tact il faut être doué pour exceller dans la contre-invite.

Autre principe.

Rendre atout à son partner, contrairement et par exception au principe qui prescrit de ne pas rentrer immédiatement dans la couleur du partner, ce qui, en effet, ne lui apprendrait rien de votre jeu.

Mais le faire toutefois, après avoir bien indiqué son propre jeu en assurant des rentrées.

Ici, l'exception au principe précité se justifie pleinement par la nécessité où l'on est de répondre à son partner qui demande atout. Celui qui fait cette demande est le plus souvent maître du jeu ; il faut donc le suivre.

Qu'on nous permette une dernière observation, sous forme de conseil, qui a aussi sa valeur.

Votre partner demande-t-il atout, préférez à une réponse directe en atout, tout autre moyen de lui rendre la main, soit par une coupe ou une rentrée ; car en atout, bien qu'il en désire la couleur, il n'est pas certain de conserver la main, tandis que, par une coupe ou une rentrée, il sera à même de jouer atout.

Ne jamais ruser ou faire de finesses au détriment de son partner. Tromper ses adversaires, c'est trop juste, la lutte le veut ainsi ; mais tromper son partner, c'est, en définitive, se tromper soi-même. Ainsi, ne tombons pas dans cette faute si ordinaire à l'ancienne École.

Au Wisth, il faut toujours fournir de la couleur (sous peine de perdre des points) ; mais on n'est nullement forcé de prendre. On voit qu'il y a là une différence avec les autres jeux.

Vous pouvez être certain que lorsqu'on joue une carte, on n'a pas la supérieure immédiate, excepté lorsqu'on tient toutes les autres. Cette règle est très-utile à retenir.

Ne jamais jouer de treizième avant que les atouts ne soient tombés, de manière à donner force d'atout à cette treizième carte.

L'as singleton doit se jouer dans la crainte de le voir tomber sur le roi du partner qui, ayant roi et dame de la couleur, l'engagerait. L'as est découvert singleton quand on ne revient pas immédiatement dans la couleur. C'est un principe partout admis.

Nous conseillons de se débarrasser de tout honneur singleton. Dans la couleur autre que l'atout, le partner prendra tout autre honneur que le roi ; c'est-à-dire la dame et le valet. Nous ne parlons pas ici de l'atout dont il faut forcément jouer le singleton ; nous en avons démontré l'avantage ; nous aurons même l'occasion d'en parler de nouveau à l'Appendice (Voir : *De l'Atout*).

Il est reçu que l'as second se joue en toute autre couleur qu'en atout. On pense par là trouver le roi au second tour et couper au troisième.

Roi et as joués successivement, sans temps d'arrêt, indiquent qu'on n'a plus de la couleur. C'est ce qu'on a pu remarquer pour l'as joué isolément.

Le second joueur ne doit jamais mettre une dame seconde. Nous allons nous étendre sur ce coup ; il est fréquent et fait commettre une faute dont l'ancienne École, tranchons le mot, est incorrigible.

Pourquoi disons-nous, soutenons-nous même qu'il ne faut pas la mettre, cette dame ? C'est parce que, nous le répéterons, elle est ou inutile ou sacrifiée.

Ou *inutile*, puisque votre partner (quatrième joueur) a, ou le roi ou l'as (l'un ou l'autre également étant chez le premier, et non pas l'un et l'autre, car alors ce premier joueur aurait joué différemment). Voilà pour la première partie du dilemme.

Ou *sacrifiée*, si le troisième a l'une ou l'autre de ces cartes.

De plus, votre partner à vous, second joueur, ne sait pas si votre dame est seule ou seconde : il ne peut donc pas jouer en conséquence.

De là hésitation. Or, toute hésitation au Wisth entraîne avec soi son inconvénient. Mettez donc de préférence votre petite carte.

Ce que nous disons de la dame est également vrai du valet, du dix ou de toute autre carte seconde. En s'abstenant de mettre la plus forte tout de suite, on a l'avantage de faire mieux connaître son jeu au second tour.

Quant à l'espèce particulière du roi second, suivre la même règle, à moins que l'as ne retourne à droite. Il s'agit ici de sauver le roi.

Ne tombez pas dans une des fautes les plus lourdes de l'ancienne École. N'ouvrez pas de couleur par un neuf, par un dix, par un valet, quand vous avez de plus petites cartes. Nous ne connaissons pas de cartes qui embarrassent plus qu'un dix ou un valet. Il nous est arrivé personnellement, maintes fois, d'être obligé de mettre une dame sur un dix, ou un roi sur le valet de notre partner, pour que la levée ne se fît pas à notre gauche. En même temps qu'une impasse aurait trompé le partner, nous aurions manqué à notre habitude constante qui est moins de jouer pour nous que pour notre partner. La carte de ce dernier était ainsi sacrifiée inutilement.

Si je ne vous trouve pas au premier tour et que je persiste à jouer la même couleur quand la main me reviendra, comme je suis certain de ne pas vous rencontrer davantage au second tour, je vous indique par une persistance, que je couperai au troisième.

De même, toutes les fois que je vous rencontre par l'as au premier tour, il est clair, d'après les règles que nous avons établies, que je ne pourrai plus vous trouver par le roi au second; car vous l'auriez mis dès le premier, pour me faire au moins supposer que vous avez l'as. Or, si je rejoue ce second tour, comme je suis certain de ne pas vous rencontrer, je veux par là vous indiquer que je couperai au troisième tour.

Toutes les fois que vous, troisième, avez l'as et la dame sur une ouverture de jeu, ne manquez pas de mettre la dame, au risque de vous la faire prendre par le roi, qui pourrait se trouver entre les mains du quatrième joueur; car il y a deux chances contre une pour que ce roi ne soit pas chez ce quatrième joueur. Il faut donc risquer en mettant la dame.

Ce qui embarrasse généralement, c'est de ne pas savoir quand on doit couper. L'embarras ne devrait cependant pas être bien grand. On arrive à connaître que la carte-roi est à couper lorsque le parti qui la tient ne s'est pas empressé de la jeter. Cherchons à rendre cela sensible par un exemple : l'hésitation de couper se présente ordinairement au troisième tour, c'est-à-dire alors que la dame est en jeu le plus souvent. Eh bien! dès le second tour on doit savoir où est la dame, qui ne se fait ordinairement qu'au troisième. En effet, elle est ou avec le roi ou avec l'as. Si la main qui tient l'as, seul honneur dans cette main, a ouvert par une petite carte, la dame doit se mettre en place du roi; si le roi, au contraire, est seul, il répondra à l'as, et alors, pour mieux faire connaître son jeu, la main qui tient l'as mettra la dame, sinon la dame est dans le camp opposé. Les partners de ce camp opposé sauront donc à quoi s'en tenir. L'un d'eux s'abstiendra de couper.

Variante. — Si la dame est chez les partners qui ont

as et roi, elle doit être découverte dès le second tour; car, pour faire connaître leur jeu, cette dame a dû être montrée, soit en place du roi, soit en place de l'as. Le camp opposé saura donc s'il doit couper la carte non encore montrée. Si la dame n'a pas paru, c'est qu'elle est dans ce camp opposé : l'un des partners s'abstiendra donc de couper. Ce coup est très-fréquent; mais on réussit rarement, faute d'une légère attention.

Les deux précédents alinéas doivent être difficiles à saisir, nous sommes les premiers à en convenir. Il faut dire aussi que là nous abordons la plus sérieuse difficulté du jeu, celle de savoir où peuvent se trouver les cartes. Qui saurait bien seulement quand on doit couper, saurait une grande partie du Wisth. C'est pour cela que nous appelons sur les alinéas ci-dessus la plus sérieuse étude des personnes désireuses d'apprendre.

Nous allons terminer la matière de la carte douteuse à couper par une règle générale.

Toute carte-roi ne doit pas tarder à se jouer, autrement on embarrasserait son partner. Ne pas se hâter même de jouer une carte-roi dont la présence est ignorée de trois joueurs, autorise le partner hésitant à couper.

Nous avons parlé, dès le commencement de notre démonstration, d'une précaution fort utile à prendre, savoir, qu'il faut retenir combien de cartes on a dans chaque couleur prise séparément.

Voici le but de cette précaution :

Nous supposons que nous avons une carte en pique,

2 cartes en carreau,
3 cartes en trèfle,
7 cartes en cœur.

Si l'on joue d'abord carreau trois fois de suite, nous nous rappellerons, par le nombre des cartes qui nous restent, que nous avions deux cartes de la couleur, et nous couperons , s'il y a lieu , au troisième tour. C'est affaire d'habitude, nous savons bien ; mais il est fort utile de ne pas négliger de prendre cette précaution pour couper au besoin et à propos.

Ne jouez jamais trois fois de la même couleur dans la crainte de vous voir couper. Cependant la qualité des cartes doit guider ici les joueurs.

Il ne faut amener les adversaires à couper que lorsqu'on est certain de faire tomber des Puissances ou honneurs , et encore faut-il le faire dans le but d'affranchir ses propres atouts.

Vous reste-t-il un atout sur deux cartes ? Si vous savez un atout chez votre partner, et que ces atouts soient les deux derniers, ne le jouez pas, mais essayez d'amener votre partner à couper en jouant l'autre carte. De cette manière vous pourrez faire les deux plis ; autrement, vous pourriez n'en faire qu'un.

Exemple :

L'atout est cœur, et il vous reste avec votre atout un trèfle. Jouez ce dernier. Votre partner , qui a du carreau ou du pique, coupera et vous jouera son autre carte, que vous couperez à votre tour.

Ce coup, qui se présente souvent aux deux dernières levées, nous permet de terminer ici la série des coups les plus fréquents comme les plus difficiles.

COUPS PARTICULIERS.

Il y a des coups, dans une partie, où l'on devine le singleton. En voici quelques exemples :

Le 1er joueur met un. 2
— 2e. . . . . , ... 3
— 3e. 4
— 4e. 5

Le singleton est découvert à l'instant même chez le troisième joueur. Cela ne peut paraître abstrait. Nous engageons, toutes les fois que nous avançons une hypothèse, à figurer le coup sur le tapis : les cartes parleront d'elles-mêmes.

Autre exemple :

Toutes les fois que le troisième joueur met une carte immédiatement inférieure à celle du second, c'est preuve évidente qu'il n'en a pas d'autres ; car pourquoi mettrait-il cette carte *immédiatement inférieure?*

On multiplierait ces exemples à l'infini.

APPENDICE.

DE L'ATOUT.

L'atout mérite une étude toute spéciale : aussi lui con-
sacrerons-nous une Rubrique.

Il ne faut être ni sobre ni prodigue de ses atouts ; cependant il y a plus de raisons pour les jouer que pour
les retenir.

En effet, on doit jouer atout :

Et quand on n'en a qu'un ;

Et quand on en a cinq (et davantage, à plus forte raison);

Et quand on en a un moins grand nombre ; mais alors
il faut que les atouts soient majeurs. Ainsi, deux par roi
et as, trois par la tierce majeure, quatre par la quatrième
majeure.

Nous disons qu'il faut jouer atout, même lorsqu'on n'en
a qu'un. C'est le cas du singleton, et nous avons déjà eu
occasion de dire que le plus beau était celui d'atout.

En voici la raison :

Le partner de celui qui avait le singleton d'atout, ne manquera pas, aussitôt qu'il aura la main, de jouer un second tour d'atout, un troisième et un quatrième s'il le peut, de manière à prendre deux atouts à chaque tour aux adversaires.

Il faut d'autant plus se conformer à cette manière de jouer, que vous verrez toujours les adversaires faire leur possible pour l'éviter. Preuve donc qu'il y a intérêt à pratiquer de la sorte.

Nous n'irons pas jusqu'à dire qu'il faille jouer atout continuellement. Non. Nous nous en sommes défendus tout à l'heure, en déclarant qu'on ne devait pas les prodiguer; seulement, nous insistons pour faire voir la nécessité d'en jouer souvent.

Ainsi, avez-vous de belles couleurs, jouez atout pour les affranchir.

La marque des adversaires est-elle bien avancée, signe que la partie est désespérée pour vous, jouez encore atout.

On va même jusqu'à dire qu'on doit jouer atout, faute de mieux, quand on est embarrassé. C'est un moyen, trouve-t-on, de sortir d'embarras.

Ce n'est jamais à celui qui retourne l'as d'atout, de faire atout: le partner a facilité de demander atout, puisque deux tours sont assurés; son jeu le guidera.

A ce propos, nous ne terminerons pas sans parler de l'*atout de position*.

On nomme ainsi la retourne figurée par valet, dame, roi.

Jouer l'atout de position est une jouerie du Wisth.

Cette jouerie consiste à jouer atout pour faire prendre l'honneur qui retourne. Dans ce mode de jouer, on n'est pas tenu de rendre atout. On n'est plus là, en effet, sous l'empire du droit commun. Au contraire, il faut laisser venir à soi les atouts, jusqu'à ce que le but soit atteint, c'est-à-dire jusqu'à ce que la retourne soit prise. Nous pensons sérieusement que c'est attacher trop d'importance à une seule carte. La pratique ne démontre pas bien l'utilité de cette jouerie. Loin de là, elle ne sert qu'à contrarier les différentes combinaisons qui peuvent se présenter ailleurs avec avantage.

De la Navette.

On doit distinguer deux sortes de navette :
La navette, résultat d'une coupe ;
La navette, résultat d'une rentrée.
Cette dernière n'affaiblit pas le jeu, puisqu'elle n'exige pas l'emploi des atouts qui l'épuisent. Elle est donc préférable. Néanmoins, les deux sortes de navette font des plis, et les enlèvent aux adversaires.

Nous ne nous sommes pas étendus sur les punitions du jeu, et cela à dessein. Tous les livres les rapportent. Inutile d'en grossir le nôtre. Qu'on y recoure pour les connaître à fond, si l'on veut.

D'ailleurs, avons-nous pensé, la connaissance des règles de la pénalité du jeu ne constitue pas la science du jeu lui-même. Nous avons exposé une méthode, voilà tout. Sans vouloir circonvenir ni affriander le public, qui sera notre juge, nous pouvons dire que nous avons quelque raison de croire notre méthode bonne, puisqu'il ne nous arrive de perdre qu'extrêmement rarement, en moyenne deux fois sur dix. Il n'y a pas là Présomption de notre part, c'est le fait d'une longue observation.

Des Anglais, grands amateurs de Wisth, nous ont vivement engagés à faire paraître un Traité sur un jeu, l'une de leurs passions. Est-ce un défi qu'ils nous portaient ? Nous l'acceptons.

Maintenant qu'on nous pardonne les *que*, les *comme*, les *quand* et les *lorsque* trop multipliés dans ce petit livre. On fait rarement des fleurs de rhétorique dans une démonstration : chacun sait cela ; ce sera notre excuse et notre titre à l'indulgence, nous l'espérons.

Nous avons voulu détourner le monde, la jeunesse surtout, des horribles jeux de hasard, pour l'appliquer à l'un des plus sérieux et intéressants tout à la fois. Ce sera là notre récompense si le succès vient couronner nos efforts.

Paris. — Imprimerie LE NORMANT, rue de Seine, 8.

www.ingramcontent.com/pod-product-compliance
Lightning Source LLC
Chambersburg PA
CBHW051329060726
47596CB00004B/1545